AF670398

Firnis
Gedichte

Christoph Sebastian Widdau

FSC
www.fsc.org
MIX
Papier aus verantwortungsvollen Quellen
Paper from responsible sources
FSC® C105338

Bibliografische Information der Deutschen Nationalbibliothek: Die Deutsche Nationalbibliothek verzeichnet diese Publikation in der Deutschen Nationalbibliografie; detaillierte bibliografische Daten sind im Internet über dnb.dnb.de abrufbar.

© 2023 Christoph Sebastian Widdau

Herstellung und Verlag:
BoD – Books on Demand, Norderstedt

ISBN: 9783743193147

Für dich

Inhalt

Firnis

Firnis
Sodass ich nicht erblicke
Wer du
Gewesen sein wirst

In meinen Strichen
Und meinen Färbungen
Warst du
Nichts als mein Wesen

Firnissend
Umspielst du dein Abbild
Bist du
Bildlos, mein Glanz

Im Herrgottswinkel, Dämmerschein

Im Herrgottswinkel, Dämmerschein
Onanierte er lautlos, nahezu
Und es geschah nichts

Sodass er es nicht wieder tat
Sondern dankbar malte, umstrich
Den Herrgottswinkel

In Hiobs Botschaft schallt

In Hiobs Botschaft schallt
Nichts als ein Sehnsuchtstraum
Das bruchstückhafte Sein im Raum
Konfus durch Schächte hallt

Das Fleisch im Geiste leidet
Bloß Wort, das Worte sucht
Das ziert und Schmerz verbucht
In Hiobs Botschaft schneidet

In Hiobs Botschaft löst sich auf
Nichts als ein Glaubensschimmer
Nichts als ein Hoffnungsglimmer
In des vertrauten Daseins Lauf

Utopia, lebensecht I

Wenn du, Spitzbube
Konsequent wärest, dann
Würdest du dich entleiben
Und es hernach bleiben lassen

Arachne, netze ein

Arachne, netze ein

– Den Wein genießend, mit Funkelaugen
Im Kellerhalblicht mit Kerzenschein
Papier wird gereicht durch die Hände der Runde
Man sehnt herbei die verplante Stunde
So wackelt am Holze Bein um Bein

Arachne, fange ein

– Den Wein rasch gießend, mit Flunkeraugen
Halbblind für das nahende Achterbein
Man glaubt sich stark und des Sieges gewiss
Durch diese Einheit gehe kein Riss!
Missachtend das Spinnengewebe im Wein

Spaten, den du mir reichst

Spaten, den du mir reichst
Um mich zu umgraben

In dem stechenden Nebel aus Erdreich
In dem Gestrüpp aus Wurzelblüten
In dem schimmernden Graphitschlagloch

Sodass nichts ausgehoben wird als
Ausblick

Unter dem Schmetterlingsfittich

Unter dem Schmetterlingsfittich
Den er ihr bot, freischlagend
Suchte sie etwas wie Obhut

Sei es für den Augenblick
Sei es für Anderes

Doch der erste Perlentropfen
Schlug das Hauchdünne
In die Fluchtsenkung

Sei es für den Augenblick
Sei es für Anderes

Mit dem Schmetterlingsfittich
Kleidet sie sich ein
In das Gespinst der Verpuppung

Brachland

Brachland
Sind die Kuppen meiner Finger

In den erntelosen Stunden
Die in meinem Augenschein verstreichen

Der keinen Durchlass findet
In deinen Grund

Unhintergehbares

Unhintergehbares
Im Kreislauf
Im Rundweg, auch

Als verlangendes Ersuchen
Als hoffnungsloses Balzen
Um dieses oder jenes Wort

Bis die Schrittfolge endet
Bis der Tanz sich erschöpft
In einem Phon

Unter dir

Unter dir
Verzahne ich dieses mit jenem
Um ein Ganzes zu bilden

Aus Materie und aus Ton
Aus Fleisch und aus Blut
Aus Fäden und aus Stücken

Unter dir
Bilden wir einander
An Tastspitzen

Wenn du lachst

Wenn du lachst
Vergreift sich das Weltgefüge
Im Ton

Der gewöhnlich dumpf und rau
Anschlägt, nicht klopft
An der Bruchmuschel

Die ich klebe und klebe
Behelfsweise klebe
Deines Lachens wegen

Utopia, lebensecht II

Lasst uns, Lebenssöldner
Einander sagen, was uns einfällt
Aneinander denkend, und uns
Am Folgetag noch grüßen

Vom Altar aus, greinend

Vom Altar aus, greinend
Winkst du der Schleiereule zu
Um dann den Zahn
Auf der steinernen Platte abzulegen
Neben Hostie und Weinkelch

Auf Ellenbogen wangengestützt
Funkelst du das Verlegte an
Um es brechen zu sehen
Und siehst nicht die Trachtende
Die zwischen Bleiruten lugt

Sich vom Kreuze herabspinnend
Bricht das Nonnenkleid hervor
Während du Messopfer feierst
Zur Entweihung des Bisses
Am knochenschweren Opfertisch

Handschmeichlerin

Handschmeichlerin
Bist du, Ergriffene
Inmitten der Woge

Die über uns bricht
Die uns umschlingt
Die Sinne umschlägt
Bis auf

Im versiegenden Schwall
Das Erfühlen
Deines Wangenglühens

Nachdem das Spiegelkabinett

Nachdem das Spiegelkabinett
Eingerichtet worden war
Spiegel um Spiegel, Glas um Glas
Begannst du

Alle Lampen zu entfernen
Alle Fenster zu verhängen
Alle Schlüssellöcher zu verkleben

Um den Wandschmuck zu zerschlagen
Entschieden, mit einem Splitterfänger
Bruchstücke zu versenken

In deinem Angesicht
Das der Fluss nachzeichnet

Wenn alles steigt

Wenn alles steigt
Verlieren wir uns, ineinander
Unter den Pfeilern
Deren Bauplan
Geheimplan war

Wenn alles ragt
Lassen wir glühen, ungeprüft
In unserer Unterwelt
Was nur in ihr trägt
Zwischen unseren Lippen

Versehre mich

Versehre mich
Mit einer Silbensichel
Mit einer Satzsense
Mit einem Strophensäbel

Damit ich spüre
Am Schnittwundenleib
Den wir erklingen lassen
Dass du mich spürst

Blickwechsel in der Wandelhalle

Blickwechsel in der Wandelhalle
Das Wort erlosch am Tresen
Gemälde hingen, spiegelgleich
Als wär' es Glas gewesen

Schirme tanzten, Bein um Bein
Tabletts bugsierten Flaschen
Programme priesen, wunschgerecht
Mit kultivierten Maschen

Der Leiter lud gewandt zum Tanz
Sodass Applaus ertönte
Der Dramaturg stand starr am Rand
Woran er sich gewöhnte

Zum Ausgang strömten Gäste dann
An Tischen lud das Mahl
Die Spieler gaben so ihr Stück
Im unbesetzten Saal

Fallstufenerrichtung

Fallstufenerrichtung
Zwischen dem Ufer
An dem du Druck ausübtest
Und dem Rufer
Der ich schlagend bin

Gegen den Strom
Der Böschung und Böschung scheidet
Und auf dem Boot
Das in meinem Wort brennt
Und das ich schlagend bin

Bilde ich, ratlos, diesen Wehr
Als ob sich das Wasser
An den Silben stauen wird

Mond und Balz synchronisierend

Mond und Balz synchronisierend
Kerzenlicht tötend
Schlägst du toll
In die Schräge der Nacht

Den Zwischenraum vergrößernd
Wandwinkel grauend
Stibitzt du wund einen Namen
Aus der Finsternis

Utopia, lebensecht III

Dem Baum, Sehnender
Möchtest du ähneln und
Vögel hüten, nicht trauern müssen
Eines Abschieds wegen

Charonspfennig

Charonspfennig
Unter dem getrockneten Spalt
Der krepierten Zunge

Bewähre dich
Im kräftigen Ruderschlag
Des dunklen Fährmanns

Werde poliert
Im hermetischen Gaumenlabyrinth
Des verendenden Leibes

Charonspfennig, sei
Unter der hinreichenden Bedingung
Des ewigen Buchens